Walter Raabe

Auf Spurensuche im Wattenmeer

Ein Luftbildatlas

Verlag Boyens & Co.

Das Rummelloch gehört zu den Kiemen des Wattenmeeres, durch die im Rhythmus von etwas mehr als zwölf Stunden das Wasser der offenen Nordsee die amphibischen Flächen überflutet.

EINLEITUNG

Das Wattenmeer ist weder bei Flut eine eintönige Wasserfläche noch bei Ebbe eine Schlick- und Sandwüste. Wer mit aufnahmebereiten Sinnen und offenen Augen diese einmalige amphibische Landschaft, die im Wechsel der täglichen Tide mal zum Land und mal zum Meer gehört, überfliegt, wird auch nach Hunderten von Flügen immer wieder neue Formen und Strukturen von zum Teil hoher ästhetischer Qualität entdecken können. Wind, Wellen und Strömungen haben die Sandwatten mal bizarr, mal wohltuend harmonisch gestaltet und wundersame Prielsysteme in den Schlick gegraben. Eine unglaubliche Dynamik sorgt für ständige Veränderungen. Schneller noch als die Formen der Watten und Priele verändern sich die Oberfläche und die Farbe des Meeres. Lässt ein windstiller Sommertag die Nordsee spiegelglatt erscheinen, so bauen Sturmtage meterhohe Wellen mit wilden, weißen Schaumkronen auf. Die blau-grüne Farbe des Wassers schlägt schnell in ein Grau und bedrohliches Schwarz um.

Das Wattenmeer ist ökologisch ein reiches und hochsensibles Gebiet, das die Heimat vieler dem amphibischen Lebensraum angepasster Tiere und Pflanzen ist. Vögel finden hier auf ihrem Durchzug in die Winter- bzw. Sommerquartiere einen Ruheraum mit einem mehr als reichhaltigen Nahrungsangebot. Die genannten Erkenntnisse sind einige der vielen Gründe, die die verantwortlichen Politiker bewogen, im Juli 1985 das *Gesetz zum Schutze des schleswig-holsteinischen Wattenmeeres (Nationalparkgesetz)* zu erlassen. Es trat im Oktober des gleichen Jahres in Kraft. Neben der Ökologie hat auch die Ökonomie ihren Stellenwert im Wattenmeer, denn viele Menschen wohnen am Rande dieses Gebietes oder auf den Inseln und Halligen in eben diesem Lebensraum. So brauchen wir nicht lange zu suchen, um auch Zeichen der gegenwärtigen Zivilisation im Wattenmeer zu finden. Dass manche dieser Spuren dem Schutzkonzept des Nationalparks zuwiderlaufen und Narben hinterlassen, mögen die Bilder von der Strandung des 8000 BRT großen, 147 Meter langen und 20 Meter breiten Holzfrachters *Pallas* im Jahre 1998 zeigen. Er gehörte einer italienischen Reederei und fuhr unter der Flagge der Bahamas. Bis auf den Koch konnten die Besatzungsmitglieder von einem dänischen Hubschrauber gerettet werden. Die Ölverschmutzung kostete über 10 000 Seevögel das Leben.

Die Möglichkeiten einer Rettung für die Seeleute der etwa tausend Schiffe – meist waren es hölzerne Frachtsegler –, die in den letzten drei Jahrhunderten im Wattenmeer verunglückten, waren erheblich geringer als heute. Eine besondere Gefahrenquelle waren die Außensände. Man kann sie ohne Übertreibung als Schiffsfriedhof bezeichnen. Wind, Wellen und Strömungen ließen diese Schiffe meist schnell versanden und somit verschwinden. Die gleichen Kräfte geben ab und an – meist nur kurzfristig – die Reste solcher Wracks wieder frei. Und ein Spurensucher ist natürlich froh, einen Havaristen in einer möglichst günstigen Form fotografisch dokumentieren zu können.

Aber auch der Mensch, der über viele Jahrhunderte weite Teile des heutigen Wattenmeeres bzw. Nationalparks kultivierte und bewohnte, hat seine Spuren deutlich erkennbar hinterlassen. Besonders die großen und folgenreichsten Sturmfluten von 1362 und 1634 waren es, die etwa zweidrittel seines Lebensraumes zerstörten. Die Kulturspuren aus dem 1362 versunkenen Rungholtbereich waren in den zwanziger Jahren noch deutlich sichtbar, sind heute aber weitgehend überlagert oder erodiert.

Aber 370 Jahre nach Untergang der Insel Alt-Nordstrand werden heute noch Ackerfurchen, Warften und sogar Fethinge in den bei Ebbe trocken gefallenen Watten sichtbar. Doch auch in anderen Bereichen kann man noch Zeugnisse menschlichen Tuns deutlich erkennen.

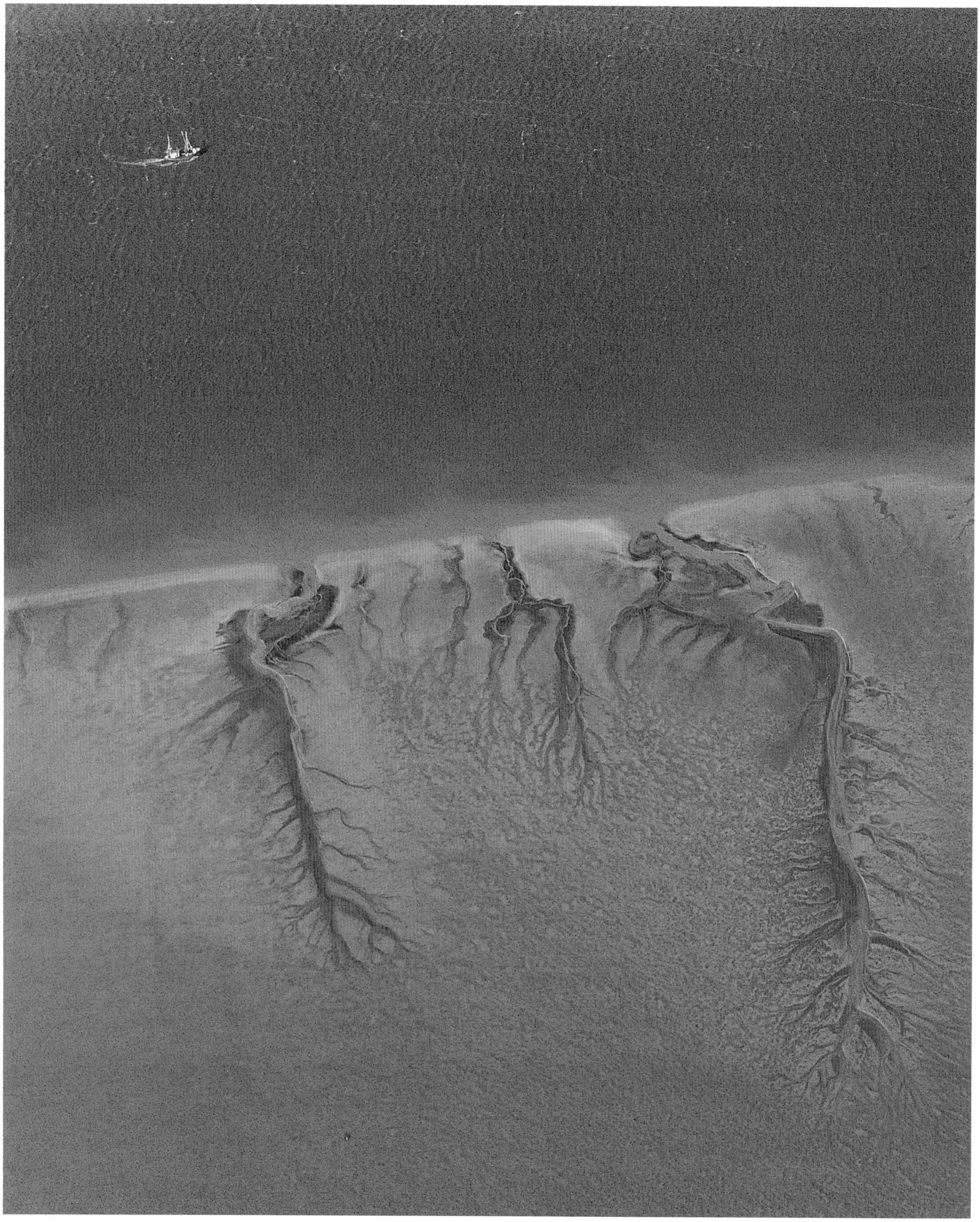

Immer wieder ein faszinierender Anblick: Die dem Gefäßsystem eines Lebewesens gleichende Gliederung trocken gefallener Priele.

NATURSPUREN
zwischen Röm und Elbmündung

Die Nordsee bedeckt bei Flut die Watten zwischen Sylt und Röm, also zwischen Deutschland und Dänemark. Vorne die Wanderdüne von List.

Bis auf einige Priele fallen die Watten zwischen Föhr (vorne rechts), Amrum und Sylt bei Ebbe trocken.

Aus der Luft erkennt man die dicht unter der Wasseroberfläche liegenden Sandstreifen vor der Südspitze Sylts, die neben der Tide und den Strömungen ein Navigieren im Wattenmeer so anspruchsvoll machen.

Vergleicht man dieses vor etwa zwanzig Jahren vom Verfasser aufgenommene Farbinfrarotfoto mit dem aktuellen Luftbild, erkennt man überdeutlich, wie die Dynamik der Nordsee in wenigen Jahren die Südspitze der Insel Sylt umgestaltet hat.

Die Geestkerninsel Amrum gehört mit dem breiten Kniepsand zur Maginot-Linie des nordfriesischen Wattenmeeres. Als Wellenbrecher mildert sie bei Sturmfluten die Stoßkraft der Nordsee ab.

Die Seehundsbänke im Wattenmeer gehören zu den beliebten Ansteuerungspunkten der Ausflugsdampfer. Hier: der Knobsand vor Amrum.

Auch noch unter einer dünnen Wasserschicht – wie hier bei der Hallig Oland – fallen die faszinierenden Prielstrukturen ins Auge.

Licht und Schatten geben kleinen aufgewehten Sanddünen im Prieldelta vor Hallig Hooge eigentümliche Konturen.

Hinter der Marschinsel Pellworm wird zwischen dem Norderoogsand und dem Süderoogsand der mächtige Wattstrom Rummelloch *sichtbar.*

Schützend liegen die mächtigen Außensände, der Süderoogsand, der Norderoogsand und der Japsand (von Süden gesehen), vor dem Wattenmeer mit den Inseln und Halligen. Am oberen Bildrand leuchtet der Kniepsand von Amrum auf.

Das Rummelloch *zwischen Norderoogsand und Süderoogsand gliedert sich in kleinere Priele auf und sorgt damit für die Verteilung der Wassermassen um die Insel Pellworm herum.*

Kleine Kunstwerke sind es, die Wind, Wellen und Strömungen in den Sand gezeichnet haben.

Aus 2000 Metern Höhe zeigt sich sowohl die Hallig Süderoog als auch die Insel Pellworm auf dem Trockenen.

Eine tief stehende Sonne schafft eine Sandkomposition mit abgerundeten, weichen Formen.

Bei ablaufendem Wasser zeichnen sich schon bald die Konturen der Wattströme und die der auftauchenden Sandbänke und Watten ab.
Hier: der Heverstrom mit der Hallig Südfall.

Auch der Winter beschert eindrucksvolle Bilder vom Wattenmeer.

Watten, Priele, Sände, Inseln, Halligen und eine schneeweiße Staubewölkung an der Küste bei Schobüll geben mit dem Leuchtturm Westerheversand im Vordergrund und der Insel Nordstrand im oberen Bereich ein typisches und beeindruckendes Panorama der Wattenmeerlandschaft.

In den Anblick der harmonisch gegliederten Sandformationen vor Westerhever fügt sich das bei der Deichverstärkung ausgespülte Baggerloch noch nicht ganz ein. In wenigen Jahren wird es nicht mehr erkennbar sein.

Wie eine lange Nase ragt die Halbinsel Eiderstedt mit Westerhever im Norden und St. Peter-Ording im Süden ins Wattenmeer hinein.

Typisches feuchtes Mischwatt bei Ebbe.

Nur bei Sturm wird die weiträumige Sandbank von St. Peter-Ording überflutet.

Immer wieder ein faszinierender Anblick: Die dem Gefäßsystem eines Lebewesens gleichende Gliederung trocken gefallener Priele.

Die Sandinsel Trischen vor der Dithmarscher Küste ist ein Seevogelparadies, das nur im Sommer von einem Vogelwart bewohnt wird. Die tägliche Tide und Strömungen sorgen in überschaubaren Zeitspannen für Veränderungen ihrer Lage und Form.

Vor dem Kaiser-Wilhelm-Koog trennt ein grünes Vorland den Seedeich von dem weiten Wattenmeer.

DasBild zeigt am Beispiel des Neufelder Kooges in Süderdithmarschen den Übergangsbereich zwischen dem Wattenmeer und dem bewohnten Festland. Ein ins Watt reichendes Lahnungssystem sorgt für eine schnellere Aufschlickung und damit letztlich für das Aufwachsen eines grünen Vorlandes vor dem Seedeich. Ein weites, hohes Vorland ist immer noch der beste Deich- und Küstenschutz.

Dieses Bild lässt erahnen, wie schwierig das Manövrieren großer Schiffe bei schlechter Sicht nahe der Wattkante – wie hier in der Außenelbe bei Ebbe – sein kann.

Die Wracks im Watt nahe der Elbfahrrinne erinnern daran, dass manches Schiff den sicheren Hafen nicht erreichte.

Schlick- und Sandwatten reichen fast unmittelbar an die Stadt Cuxhaven heran. Direkt an der Tideelbe liegend ist ihr maritimer Charakter überall sicht- und spürbar.
Das alte Seezeichen Kugelbake, *die Anlegebrücke* Alte Liebe *und der* Amerikahafen *erinnern an die große Zeit der Amerikafahrten von Cuxhaven aus.*

KULTURSPUREN von Alt-Nordstrand

Auf dieser Luftaufnahme ist eindrucksvoll zu erkennen, wie seit einigen Jahren links vom Priel veränderte Strömungen die Wattschicht abräumen und die Ansicht auf Ackerfurchen, Warften und Brunnen des Dorfes Bupsee freigeben. Bupsee ging 1634 mit weiten Teilen der Insel Alt-Nordstrand in einer schweren Sturmflut unter.

Ist die tägliche Flut seit dem Untergang Alt-Nordstrands auch über 270 000 mal mit unterschiedlicher Vehemenz über die ehemaligen Kulturflächen gelaufen, so hat sie die von Menschen geschaffenen Zivilisationsstrukturen doch nicht vermischen können.

Je später die Sedimentschicht vom Wasser abgewaschen wurde, desto klarer treten die Konturen zunächst zutage. Am Rande der auflaufenden Flut zeichnet sich noch deutlich ein alter Brunnen im Wasser ab.

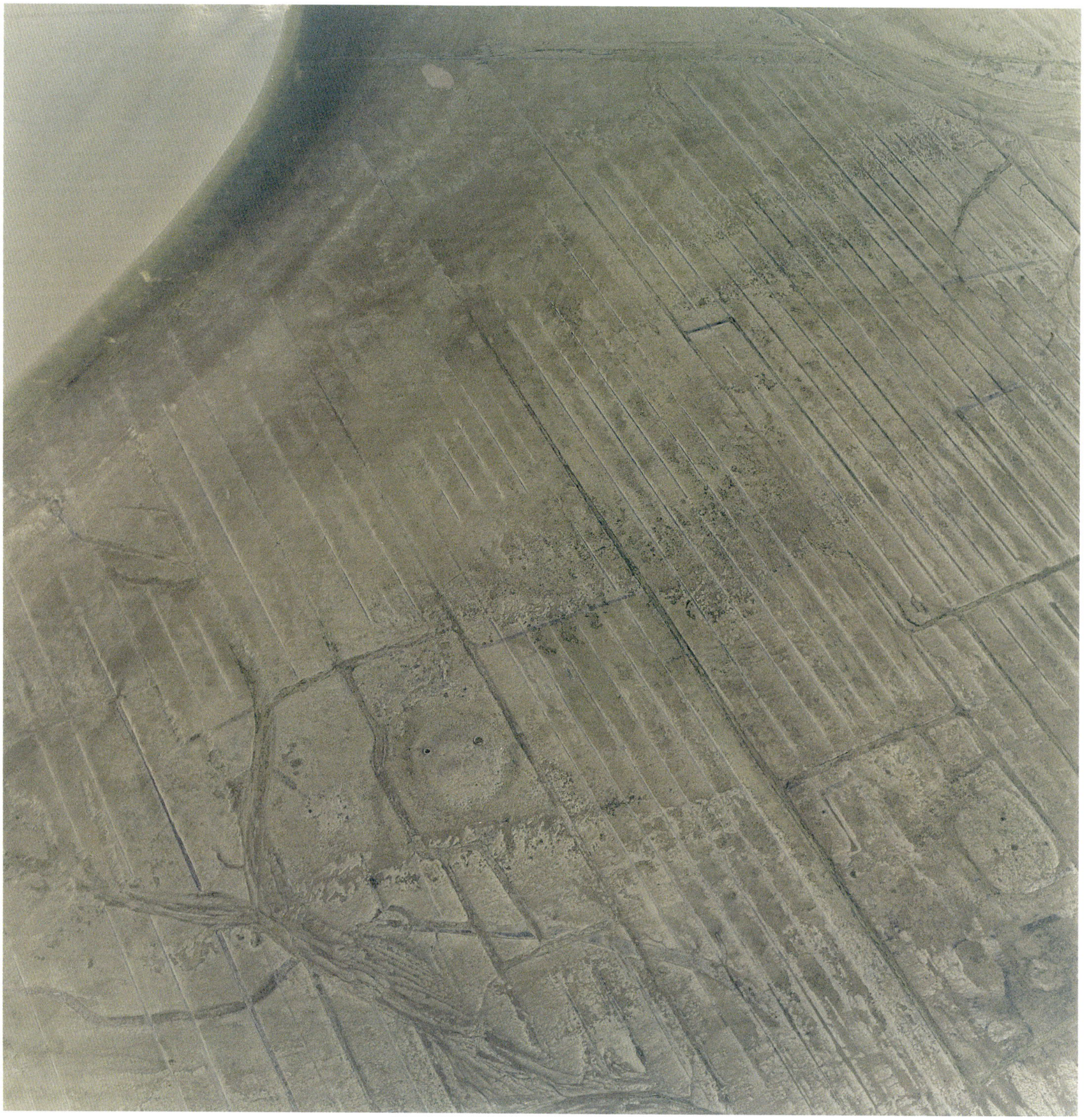

Großflächig findet man Kulturspuren wie Ackerfurchen der 1634 untergegangenen Insel Alt-Nordstrand.

Auf einer alten Warft sind die beiden Fethinge, die der Wasserversorgung für Mensch und Tier dienten, noch außerordentlich gut zu identifizieren. Die Warft selber ist natürlich nicht mehr erhaben, sondern durch ihr erhöhtes Gewicht eingesunken.

In weiten Bereichen der 1634 untergegangenen Insel Alt-Nordstrand sind noch viele Kulturspuren in unterschiedlicher Deutlichkeit zu sehen, z.B. Ackerfurchen, Gräben und Fethinge.

Die im Bild sichtbaren, gradlinigen Kulturspuren vor der Hallig Nordstrandischmoor sind zwischenzeitlich wieder von Sedimenten bedeckt. Es waren mit Torf gefüllte Gräben. Im späten Mittelalter hatten die Halligbewohner, so nimmt man an, den fruchtbaren Schlick auf ihren moorigen Halligboden gebracht und die ausgehobenen Gräben wieder mit unfruchtbarem Torf verfüllt.

Ein großer vom Heverstrom in die Watten und in das Vorland vor Westerhever führender Priel verlagert sich relativ schnell. Vor einigen Jahren erkannte man im neu entstandenen Bett deutlich die Spuren eines längst vergangenen Torfabbaues. (s. unterer Abschnitt des Priels.)

Die Außensände bewegen sich mit einer Geschwindigkeit von etwa 15–30 Metern im Jahr in Richtung Osten. Dabei gibt der wandernde Sand ab und an sehr alte Marschschollen frei, die allerdings schnell erodieren.

ZIVILISATIONSSPUREN im Wattenmeer

Aus dänischen Gewässern kommend, strandet der in Brand geratene Holzfrachter Pallas *am 28. Oktober 1998 einige Kilometer südwestlich vor Amrum. Bergungsversuche schlagen fehl.*
Das Bild zeigt das festsitzende Schiff einige Tage nach der Strandung. Qualm vom schwelenden Holz dringt aus den Ladeluken.

Der Brand greift weiter um sich. Dichte Rauchwolken lassen schon von weitem den Standort des Havaristen erkennen. Auslaufendes Öl zeichnet sich im Wasser ab.

Neben dem Feuerlöschboot Kiel *greift eine aus Holland angeschleppte Hubinsel in die sich schwierig gestaltende Brandbekämpfung ein.*

Durch Abschweißen der Aufbauten, Verfüllung des Rumpfes und absichernde Abdeckung der Ladeluken soll ein schnelleres Absinken und Versanden des Wracks erreicht werden. Dass diese Arbeiten mit einer weiteren Verschmutzung des Wattenmeeres verbunden sind, dokumentiert das Bild.

Schon wenige Wochen später zerstört ein Orkan die Abdeckungen und spült einen Teil der Laderäume wieder frei.

Und so präsentiert sich das Pallaswrack im Mai 2002. Mit etwa 17 Millionen Euro schlagen die Bergungs- und Beseitigungsversuche bis heute zu Buche.

Wandernde Sände und sich ständig verändernde Strömungen geben von Zeit zu Zeit eines der vielen vor z.T. mehr als hundert Jahren havarierten und dann schnell versandeten Schiffe vorübergehend wieder frei.
Bei dem in seinen Konturen im Winter 2002 schon gut erkennbaren Wrack an der Westseite des Süderoogsandes handelt es sich vermutlich um den 1899 verunglückten Schlepper Hendriska *aus Emden. Die typische Schlepperrundung des Hecks zeichnet sich deutlich ab.*
In der Strandungschronik von Süderoog ist folgender Eintrag zu lesen: 1899, den 27ten Dezember strandete hier der Schleppdampfer Hendriska aus Emden. Die Besatzung, bestehend aus sechs Mann, rettete sich in die Rettungsbake und kam von dort nach Süderoog.

Ein Spülbagger, der über eine lange Rohrleitung ein Gemisch aus Sand und Wasser für die Deichverstärkung nach Pellworm pumpt, fräst ein großes Loch ins Sandwatt. Schon nach wenigen Jahren sorgen die Gezeiten für ein Zuspülen der Vertiefung.

Der für die großvolumige Sandvorspülung auf Sylt eingesetzte Saugbagger ist weitaus größer dimensioniert und mehrere Kilometer vor der Küste positioniert.

Das Gemisch aus Wasser und Sand ergießt sich aus der Rohrleitung in das vorbereitete Spülfeld. Der Sand wird vom Bulldozer festgepresst, und das Wasser fließt ins Wattenmeer ab.

Vom Dithmarscher Friedrichskoog aus ist die weit draußen im Watt liegende künstliche Bohr-und Förderinsel Mittelplate *bei klarem Wetter gut zu auszumachen. Sie nahm nach längerer Bauzeit im Oktober 1987 den Betrieb auf. Über vier Millionen Tonnen wurden bis heute aus dem z.Zt. größten deutschen Erdölvorkommen gewonnen.*
Die Jahresfördermenge beträgt 800 000 Tonnen.

Erst die nähere Betrachtung lässt die Differenziertheit und Vielfältigkeit einer solchen Anlage erkennen.

Das geförderte Öl wird mit einem besonders gesicherten Spezialleichter nach Brunsbüttel verholt und dann zum Teil über eine Pipeline in die Raffinerie in Hemmingstedt geleitet. Die Tideabhängigkeit des Schiffsverkehrs begrenzt die Fördermenge.

Es ist beeindruckend zu sehen, wie die großen Pötte in den mächtigen Fahrrinnen des Wattenmeeres den Seehäfen zustreben. Im Hintergrund der Leuchtturm Hoher Weg.

In harten Wintern behindern große Eisschollen den Fährverkehr im Wattenmeer. In der nach dieser Aufnahme folgenden Nacht brachte die aufkommende Flut die Eismassen derart in Bewegung, dass sie die Haltetrossen durchscheuerten. Ein Hubschrauber musste die Besatzung am nächsten Tag auf der vom Pellwormer Anleger abgetriebenen Fähre draußen im Wattenmeer absetzen.

Ein geübtes Auge kann schnell an der Form zwischen einer Fähre, einem Ausflugsdampfer und einem Arbeitsschiff unterscheiden. Hier läuft die Pellwormer Fähre auf den Nordstrander Hafen Strucksiahnungshörn zu.

Ein kleiner Schlepper, eines der Arbeitspferde des Amtes für Ländliche Räume in Husum, bringt im Schleppzug Material für Küstenschutzarbeiten zu den Halligen.

Verschiedenfarbige Seetonnen der unterschiedlichsten Bauweise sichern die Schifffahrtswege im Wattenmeer. Das Bild zeigt eine Backbordtonne in der Ausseneider.

Auf dem Tonnenhof des Wasser- und Schifffahrtsamtes in Tönning werden die Seezeichen jährlich überholt und von einem speziellen Tonnenleger in die neu berechneten Positionen ins Wattenmeer gebracht.

Aus der Nähe erkennt man in dem 1988 in dieser Form neu errichtetem Bauwerk den Leuchtturmaufsatz, dessen Lichtzeichen die Einfahrt in die Hever erleichtern. Darunter befindet sich der Rettungscontainer, der die Besatzung eines gestrandeten Schiffes aufnehmen kann.

Die Krabbenkutter gehören zu den vertrautesten Erscheinungen imWattenmeer.

Ungewöhnliche Schiffstypen, wie hier ein großer Autotransporter, finden wir in der Elbfahrrinne.

Ans Haff nun fliegt die Möwe
und Dämmrung bricht herein;
über die feuchten Watten
spiegelt der Abendschein.
THEODOR STORM

Zu jeder Jahreszeit beeindruckt der an der Grenze zum Wattenmeer stehende Leuchtturm Westerheversand.

IMPRESSUM ISBN 3-8042-1104-6

Herstellung: Boyens Offset, Heide
Printed in Germany